Tamara Rachbauer

Etablierung eines Nachhilfeinstituts: Marketingkonzept und Unternehmenspräsentation

Examicus Verlag

Bibliografische Information der Deutschen Nationalbibliothek:

Bibliografische Information der Deutschen Nationalbibliothek: Die Deutsche Bibliothek verzeichnet diese Publikation in der Deutschen Nationalbibliografie; detaillierte bibliografische Daten sind im Internet über http://dnb.d-nb.de/ abrufbar.

Copyright © 2008 GRIN Verlag GmbH
Druck und Bindung: Books on Demand GmbH, Norderstedt Germany
ISBN: 978-3-656-99413-8

http://www.examicus.de/e-book/186583/etablierung-eines-nachhilfeinstituts-marketingkonzept-und-unternehmenspraesentation

Examicus - Verlag für akademische Texte

Der Examicus Verlag mit Sitz in München hat sich auf die Veröffentlichung akademischer Texte spezialisiert.

Die Verlagswebseite www.examicus.de ist für Studenten, Hochschullehrer und andere Akademiker die ideale Plattform, ihre Fachtexte, Studienarbeiten, Abschlussarbeiten oder Dissertationen einem breiten Publikum zu präsentieren.

MD.H

Etablierung eines Nachhilfeinstituts

Projektbericht für das Modul „12.1 Praxisprojekt"
Tamara Rachbauer, MI 100501
Letzte Änderung: Samstag, 18. Jänner 2008

Inhaltsverzeichnis

Etablierung eines Nachhilfeinstituts
Projektbericht für das Modul „12.1 Praxisprojekt"

Tamara Rachbauer, MI 100501

MD.H
MEDIADESIGN HOCHSCHULE
FÜR
DESIGN
UND
INFORMATIK
UNIVERSITY OF
APPLIED
SCIENCES

1 Zusammenfassung

Hauptaufgabe dieses Projektes ist es, für das bestehende Nachhilfeinstitut ein geeignetes Marketingkonzept zu entwickeln und eine neue Unternehmenspräsentation zu erstellen, um eine optimale Etablierung des Instituts am Standort Braunau zu erreichen.

Im Abschnitt 2 werden die Projektausgangssituation, die Projektanforderungen und die Projektziele spezifiziert.

Im Abschnitt 3 wird kurz die Projektorganisation besprochen, in der Angaben über den Auftraggeber, die Arbeitszeiten, die Teamsitzungen und die Aufgabenbereiche der Mitarbeiter gemacht werden.

Der 4. Abschnitt beschäftigt sich mit dem projektspezifischen Vorgehensmodell, das heißt der Projektstruktur, den Angaben zu Meilensteinen, Terminen und der Risikoanalyse.

Danach wird im Abschnitt 5 die gesamte Projektdurchführung mit einem einführenden Überblick über die bei der Projektumsetzung verwendeten Technologien, einer genauen Tätigkeitsbeschreibung und den daraus resultierenden Teilergebnissen besprochen.

Im vorletzten Abschnitt 6 werden jeweils in einer Tabelle die erreichten Ziele und die nicht erreichten Ziele mit Begründung dargestellt, und abschließend im Abschnitt 7 der Projektbericht mit einer zusammenfassenden Wertung und einem Ausblick abgeschlossen.

2 Projekteinleitung

2.1 Analyse der aktuellen Marktsituation des Unternehmens

Um den Ist-Zustand des Unternehmens besser analysieren und einen optimalen Soll-Zustand herstellen zu können, war es nötig die jetzige Marktsituation des Unternehmens herauszufinden. Dazu wurden in Zusammenarbeit mit einer Projektgruppe der Abend HAK Braunau Fragebögen entworfen, eine entsprechende Umfrage durchgeführt, und diese dann ausgewertet.

Basierend auf dieser Auswertung war es nun möglich eine aktuelle Ausgangssituation zu bestimmen und daraus den Soll-Zustand und die Ziele abzuleiten.

2.2 Projektausgangssituation (Ist-Zustand)

Durch die Fragebogenauswertung konnte die folgende Ausgangssituation ermittelt werden:

- Der bestehende Firmenname „Studienkreis" spricht nur eine bestimmte Zielgruppe (Studierende) an.

- Der Bekanntheitsgrad des Instituts „Studienkreis" ist trotz zahlreicher Werbemaßnahmen gering.

- Aufgrund des niedrigen Bekanntheitsgrades ist auch die Kundenanzahl gering. Dadurch ist eine feste Anstellung der Lehrkräfte kaum möglich. Dies wiederum erhöht die Schwierigkeit geeignete Lernbetreuer/innen zu finden.

- Der bestehende Webauftritt ist wenig informativ. Es handelt sich um eine einfache Webvisitenkarte mit Kontaktinformationen.

- Eine weitere Problematik stellt der hohe Bekanntheitsgrad des langjährig bestehenden Konkurrenzunternehmens „Schülerhilfe" dar, das sich ebenfalls im Stadtzentrum befindet.

2.3 Projektanforderungen (Soll-Zustand)

Gemeinsam mit dem Auftraggeber wurden aufbauend auf dem ernüchternden Ist-Zustand folgende Anforderungen festgelegt:

- Es gilt einen neuen ansprechenden Firmennamen zu finden, der eine größtmögliche Zielgruppe anspricht.

  - Gewünschte Zielgruppen des Auftraggebers: Grundschüler/innen, Abiturienten, Lehrlinge, Studierende, aber auch Jugendliche und Erwachsene in Aus- und Weiterbildungsmaßnahmen.

- Mit dem neuen Namen verbunden müssen eine neue Corporate Identity (CI) und damit verbunden auch ein neues, geeignetes Corporate Design (CD) entwickelt werden.

- Des Weiteren müssen geeignete Werbemaßnahmen entwickelt werden, die das „neue" Nachhilfeinstitut bekannt machen.

- Ein optisch ansprechender und informativ hochwertig gestalteter Online-Auftritt mit einem eigenen E-Learning Bereich für zahlende Kunden soll umgesetzt werden.

- Spezielle Service-Angebote müssen dazu beitragen, das Institut vom bestehenden Konkurrenzunternehmen positiv abzuheben.

  - Ein eigener Punkt auf der Website mit Informationen zu Legasthenie und Dyskalkulie, den so genannten Teilleistungsschwächen, und dem Anbieten eines speziellen Unterrichts für Legastheniker mittels geprüfter Legasthenie-Trainer/innen.

  - Ein eigener E-Learning Bereich, den man über die Website erreichen kann.

  - Spezielle Unterrichts-Angebote im IT-Bereich (Wirtschaftsinformatik, Angewandte Informatik, Bildbearbeitung, Webseitenbetreuung...), die individuell auf die Schulen und Firmen abgestimmt sind.

2.4 Projektziele

In einer Besprechung mit dem Auftraggeber wurden folgende Projektziele festgelegt:

- Vorlage von mindestens fünf verschiedenen Namensvorschlägen unter Berücksichtigung der Zielgruppen.

- Für die gesamte grafische Umsetzung des neuen Corporate Designs (Logo, Visitenkarten, Plakate, Türschilder, Webauftritt, Briefpapier, Rechnungen, etc.) einen geeigneten Grafik-Designer bzw. Graphik-Designerin beauftragen.

- In Zusammenarbeit mit einem Texter bzw. einer Texterin die Texte für die Unternehmensphilosophie und den Online-Auftritt entwerfen.

- Webauftritt informativ gestalten - mittels CSS barrierefrei, mittels Flash multimedial.

- Für den erweiterten E-Learning Bereich auf der Website ein geeignetes E-Learning System und ein Webkonferenzsystem auswählen (Gegenüberstellung, Auswahlkriterien, Mindestanforderungen, Tests) und implementieren.

3 Projektorganisation

3.1 Projektmitarbeiter

Projektleiter   Rachbauer Tamara, Studentin an der MD.H, Standort München

Mitarbeiter   Irene Appl, geprüfte Grafikerin, Studienkreis Braunau

         Eichlberger Margarethe, Texterin, Studienkreis Braunau

         Marion Stelzhammer, Abend HAK Braunau

         Klaus Willinger, Abend HAK Braunau

         Gabriele Hintermair, Abend HAK Braunau

Projektbetreuer:

         Nisius Falk, Dozent an der MD.H, Standort Berlin

MD.H Mediadesign Hochschule für Design und Informatik Standort Berlin bzw. München

Studiengang Medieninformatik

Standort Berlin: Lindenstrasse 20-25, 10969 Berlin

Standort München: Berg-am-Laim-Str. 47, 81673 München

Nachhilfeinstitut Studienkreis

Stadtplatz Nr. 3, 5280 Braunau

Abend HAK/HAS Braunau

Raitfeldstraße 3, 5280 Braunau

3.2 Auftraggeber

Auftraggeber: Nachhilfeinstitut Studienkreis, vertreten durch:

        Eichlberger Roland, Dipl. Legasthenietrainer

Ansprechpartner des Nachhilfeinstituts Studienkreis:

        Eichlberger Roland, Dipl. Legasthenietrainer

        Eichlberger Margarethe, Deutschlehrerin

        Irene Appl, geprüfte Grafikerin

Alle oben angeführten Personen sind Mitarbeiter des
Nachhilfeinstitut Studienkreis
Stadtplatz Nr. 3, 5280 Braunau

3.3 Arbeitszeiten

Teilnehmer: Projektteam

Häufigkeit: Täglich

Dauer 8 Stunden

Die Wochenarbeitszeit beiträgt 5 Tage zu je 8h dies entspricht 40h.

3.4 Projektsitzungen

3.4.1 Teamsitzungen

Zweck: Projektstand, Terminüberwachung, Entscheidungen und weiteres Vorgehen

Teilnehmer: Projektteam, Auftraggeber

Häufigkeit: In der Regel jeden Samstag

Dauer: 30 Minuten

3.4.2 Meilenstein Review

Zweck: Meilenstein Abnahme

Teilnehmer: Projektteam, Auftraggeber

Häufigkeit: Beim Erreichen eines Meilensteins

Dauer: 60 Minuten

4 Projektspezifisches Vorgehensmodell

4.1 Projektstrukturierung

Das Gesamtprojekt teilt sich in vier Projektphasen. In der ersten Projektphase geht es darum, die Projektanforderungen heraus zu finden und die Projektziele zu definieren. In der zweiten Projektphase wird die neue Corporate Identity entwickelt. In der dritten Projektphase geht es um die Umsetzung des Online-Auftritts und die Beauftragung einer Druckerei, um die Firmenschilder, Plakate, Briefpapiere, Flyer, Visitenkarten etc. drucken zu lassen. In der vierten und letzten Projektphase werden ein Webkonferenzsystem und ein LCMS gewählt, getestet und implementiert.

Projektphase	Inhalt	Ergebnis
Projektphase 1	In Zusammenarbeit mit der Projektgruppe Abend HAK Fragebögen erstellen, auswerten und die Ist-Situation ermitteln. Daraus die Projektanforderungen und Ziele ableiten.	**Fragebögen und dazugehörige Auswertungen in Form von Excel-Diagrammen.** **Projektausgangszustand, Projektanforderungen und Projektziele.**
Projektphase 2	Neue Corporate Identity entwickeln. Dazu gehört u. a. anderem die Namensfindung zusammen mit dem Projektteam, das Verfassen aller notwendigen Texte, das Entwerfen und Auswählen des Corporate Designs zusammen mit der Grafik-Designerin.	**Neuer Firmenname** **Alle Texte für Webauftritt, Flyer, Broschüren, etc.** **Corporate Design: Logo, Briefpapier, Firmenschilder, Plakate, graphische Design Elemente der Webseite**
Projektphase 3	Umsetzung des Online-Auftritts in CSS und Flash. Beauftragung einer Druckerei, um Plakate, Briefpapier, Visitenkarten und Firmenschilder drucken zu lassen.	**Webauftritt als CSS- und als Flash-Version.** **Briefpapier, Visitenkarten, Plakate, Flyer, Firmenschilder**
Projektphase 4	Auswahl eines E-Learning Systems und Webkonferenzsystems anhand der Anforderungen durch den Auftraggeber, Evaluierungen und Testmöglichkeiten auf verschiedenen Webseiten. Lokales Installieren und Einbinden auf der Webseite.	**Dokumentation mit Beschreibung der Installation, der Programmfeatures, einer Administrator-Sicht und verschiedenen Benutzer-Sichten.** **Erreichbarkeit der Systeme über die Webseite.**

Tabelle 4.1.1 Auflistung der Projektphasen mit Beschreibung

4.2 Meilensteine und Termine

Meilenstein	Datum
Fragebögen und dazugehörige Auswertungen in Form von Excel-Diagrammen.	**Dienstag, 23. Oktober 2007**
Projektausgangszustand, Projektanforderungen und Projektziele.	**Montag, 29. Oktober 2007**
Neuer Firmenname	**Mittwoch, 31. Oktober 2007**
Fertige Texte für Webauftritt, Flyer, Broschüren, etc. Fertiges Corporate Design: Logo, Briefpapier, Firmenschilder, Plakate, graphische Design Elemente der Webseite	**Dienstag, 20. November 2007**
Fertiger Webauftritt als CSS-Version	**Montag, 03. Dezember 2007**
Fertiger Webauftritt als Flash-Version	**Dienstag, 18. Dezember 2007**
Gedrucktes Briefpapier, Visitenkarten, Plakate, Flyer, Firmenschilder.	**Donnerstag, 20. Dezember 2007**
Fertige Dokumentationen für das E-Learning System und das Webkonferenzsystem.	**Dienstag, 15. Jänner 2008**
Erreichbarkeit der ausgewählten Systeme über die Webseite.	**Voraussichtlich, Dienstag, 12. Februar 2008**

Tabelle 4.2.1 Auflistung der Meilensteine

4.3 Risikoanalyse

Risiko	Präventive Maßnahmen	Korrektive Maßnahmen
Personenausfall wegen Krankheit, Urlaub, Schule	straffe Planung, gute Koordination, regelmäßige Teamsitzungen	Ersatzmitarbeiter/innen organisieren, die einspringen können
Hardware	Testrechner und Ersatzrechner bereitstellen	Privatrechner zu Hause bereitstellen
Software	Serversoftware mit PHP- und MySQL-Unterstützung	Privatrechner zu Hause bereitstellen
Neuland E-Learning System und Webkonferenzsystem, höherer Zeitaufwand	Berücksichtigung in der Zeitplanung.	Online-Auftritt zuerst ohne den Punkt E-Learning erstellen

Tabelle 4.3.1 Auflistung der Risiken und der zu treffenden Maßnahmen

Etablierung eines Nachhilfeinstituts
Projektbericht für das Modul „12.1 Praxisprojekt"

MD.H
MEDIADESIGN·HOCHSCHULE
FÜR
DESIGN
UND
INFORMATIK
UNIVERSITY OF
APPLIED
SCIENCES

Tamara Rachbauer, MI 100501

4.4 Überblick über die verwendeten Technologien

Welche Technologie?	Wofür?
HTML mit Verwendung von CSS	Online-Auftritt CSS-Version
Flash und Java Script	Online-Auftritt Flash-Version und als Präsentation bei Vorstellungen in Schulen und Firmen
LCMS Learning Content Management System Voraussetzung Serversoftware mit php-Unterstützung, MySQL-Datenbank	E-Learning Bereich auf der Webseite
Webkonferenzsystem Spreed	E-Learning Bereich auf der Webseite

Tabelle 4.4.1 Überblick über die verwendeten Technologien und deren Einsatzgebiet

5 Projektdurchführung

5.1 Projektphase 1

5.1.1 Tätigkeitsbeschreibung

In Zusammenarbeit mit der Projektgruppe der Abend HAK Braunau sollten in der ersten Oktoberwoche Fragebögen für die drei Zielgruppen Eltern, Schüler/innen und Lehrer/innen erstellt werden, um ein möglichst aussagekräftiges Ergebnis zur Ausgangssituation des Nachhilfeinstituts „Studienkreis" zu erhalten.

In der zweiten und dritten Oktoberwoche, vom 8. Oktober bis zum 18. Oktober, wurden die Befragungen durchgeführt. Dazu wurde bei verschiedenen Schultypen um Unterstützung gebeten. Aufgrund der Projektgruppe der Abend HAK war es bei der HAK Braunau kein Problem, dort wurde die Befragung als Mitarbeit der Schule an einem Projekt datiert, und so war es auf einfachem Wege möglich eine Lehrer- und Schülerbefragung durchzuführen. Auch in der ehemaligen Schule der Projektleiterin, dem Bundes- und Realgymnasium Braunau, war die Unterstützung gegeben. Des Weiteren war eine Umfrage auch in der Hauptschule und Volksschule Altheim möglich, da die Ehefrau des Auftraggebers und dessen Schwester dort unterrichten. Die Elternbefragung dagegen wurde jeweils am Ende eines Schultages beim Abholen der Kinder bzw. in einer Stadtumfrage durchgeführt.

Bis zum 22. Oktober 2007 wurde an der grafischen Auswertung der Umfrage in Form von Excel-Tabellen gearbeitet. Die ernüchternden Ergebnisse wurden am 23. Oktober 2007 beim ersten Meilenstein Review dem Auftraggeber präsentiert.

Anschließend wurden ebenfalls in Zusammenarbeit mit der Projektgruppe der Abend HAK Braunau der Projektausgangszustand, die Projektanforderungen und die Projektziele diskutiert, ausformuliert und beim zweiten Meilenstein Review am 29. Oktober 2007 mit dem Auftraggeber endgültig festgelegt.

5.1.2 Probleme und Lösungen

Problematisch gestaltete sich bei der Fragebogenerstellung die Auswahl der Themen, die berücksichtigt werden sollten. Mit Hilfe eines gemeinsamen Brainstormings in der Projektgruppe wurden mögliche Themenbereiche aufgelistet.

Diese Themenbereiche wurden dann in einer gemeinsamen Sitzung mit dem Auftraggeber spezifiziert und erweitert, und daraus die folgenden in den Fragebögen zu berücksichtigenden Themen festgelegt.

- Bekanntheitsgrad,

- Standortfrage,

- Allgemeine Fragen zu

  - Unterrichtsformen,

  - Gruppengrößen und

  - dem finanziellen Aufwand.

- Erfolgsquote durch die Nachhilfe,

- Änderungen im Lernverhalten.

Eine weitere Schwierigkeit lag neben der Themenauswahl noch in der Art der Fragestellung. Die Fragen sollten einfach, leicht verständlich aber doch präzise gestellt sein, um eine ideale Umfrage durchführen zu können und daraus eine aussagekräftige Auswertung erstellen zu können. Die Lösung des Problems „richtige Fragestellung" erfolgte unter Mithilfe von Freunden und Bekannten, die testweise interviewt wurden.

5.1.3 Teilergebnisse

Fragebogen für Eltern

1. Welche dieser Nachhilfeinstitute in Braunau kennen Sie?
☐ Studienkreis ☐Schülerhilfe ☐ Lernprofis
2. Wodurch wurden Sie auf diese(s) Institut aufmerksam?
☐ Zeitungsinserate ☐ Plakate ☐ Internet ☐ InnTV ☐ Mundpropaganda ☐ durch die Schule
3. Hat Ihr Kind schon einmal Nachhilfe in Anspruch genommen?
☐ Ja ☐ Nein
4. Wenn ja, in welchen Fächern?
☐ Mathematik ☐Englisch ☐ Deutsch ☐ Rechnungswesen ☐ Französisch ☐ Informatik

| **5. Wurde Ihr Kind schon auf Teilleistungsschwächen getestet?** |
| ☐ Ja ☐ Nein |
| **6. Wo würden Sie den Standort für die Nachhilfe am ehesten begrüßen?** |
| ☐ Stadtplatz ☐ Altstadt ☐ Ringstraße ☐ Bahnhofsnähe |
| **7. Wie viel würden Sie pro Einheit (45 Minuten) für die private Nachhilfe ausgeben?** |
| ☐ € 5 bis € 10 ☐ € 10 bis € 15 ☐ € 15 bis 20 € |
| **8 Welcher Name wird am meisten mit Nachhilfe in Zusammenhang gebracht? Vergeben Sie Noten von 1 bis 5!** |
| ☐ Lernprofis ☐ Der Schulbegleiter ☐ Lernzirkel ☐ Minilernkreis ☐ IFL ☐ Schülerhilfe ☐ Schüler in Not ☐ Studienkreis ☐ Lernquadrat ☐ Schülerzentrum |
| **9. Wären Kurse für Lerntechniken für Sie bzw. für Ihr Kind interessant?** |
| ☐ Ja ☐ Nein |

Abb. 5.1.3.1 Fragebogen Entwurf für Eltern

Fragebogen für Schüler/innen

| **1. Wie alt bis du?** |
| **2. Welchen Schultyp besuchst du?** |
| ☐ Volksschule ☐ Hauptschule ☐ AHS ☐ BHS |
| **3. Welches dieser Nachhilfeinstitute in Braunau kennst du?** |
| ☐ Studienkreis ☐ Schülerhilfe ☐ Lernprofis |
| **4. Hast du schon einmal Nachhilfe in Anspruch genommen?** |
| ☐ Ja ☐ Nein |
| **5. Wenn ja, in welchen Fächern?** |
| ☐ Mathematik ☐ Englisch ☐ Deutsch ☐ Rechnungswesen ☐ Französisch ☐ Informatik |
| **6. Warst du dadurch erfolgreicher?** |
| ☐ Ja ☐ Nein |
| **7. Wurde das Lernziel durch die Nachhilfe erreicht?** |
| ☐ Ja ☐ Nein |
| **8. Hat sich dein Lernverhalten geändert?** |
| ☐ Ja ☐ Nein |
| **9. Würdest du einen Kurs besuchen, um richtige Lerntechniken kennen zu lernen?** |
| ☐ Ja ☐ Nein |
| **10 Ist dir Gruppenunterricht oder Einzelunterricht lieber?** |
| ☐ Gruppe ☐ Einzel |

---

11. Würdest du auch Ferienkurse besuchen?

☐ Ja ☐ Nein

Abb. 5.1.3.2 Fragebogen Entwurf für Schüler/innen

Fragebogen für Lehrer

1. Sehen Sie bei Ihren Schülern und Schülerinnen eine Notwendigkeit für professionelle Nachhilfe? ☐ Ja ☐ Nein
2. Würden Sie Nachhilfe empfehlen? ☐ Ja ☐ Nein
3. Wie sollte die Art der Nachhilfe aussehen? ☐ Einzelunterricht ☐ Kleinstgruppen ☐ größere Gruppen
4. Wie hoch sollte die Zahl der Schüler in den Nachhilfegruppen sein? ☐ zwei ☐ fünf ☐ mehr
5. Wie oft in der Woche sollten die Schüler und Schülerinnen Nachhilfe bekommen? ☐ 1x ☐ 2x ☐ 3x
6. Wünschen Sie sich permanenten Kontakt mit dem Nachhilfelehrer? ☐ Ja ☐ Nein
7. Welcher Name wird am meisten mit Nachhilfe in Zusammenhang gebracht? Vergeben Sie Noten von 1 bis 5! ☐ Lernprofis ☐ Der Schulbegleiter ☐ Lernzirkel ☐ Minilernkreis ☐ IFL ☐ Schülerhilfe ☐ Schüler in Not ☐ Studienkreis ☐ Lernquadrat ☐ Schülerzentrum
8. Geben Sie selbst Nachhilfe? ☐ Ja ☐ Nein
9. Wären Sie daran interessiert, Nachhilfe zu geben? ☐ Ja ☐ Nein

Abb. 5.1.3.3 Fragebogen Entwurf für Lehrer/innen

Auswertung der Fragebögen für Eltern

Diese Statistik verdeutlicht, dass der Bekanntheitsgrad des Studienkreises in Braunau nicht befriedigend ist.

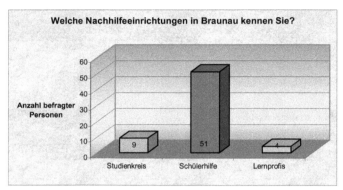

Abb. 5.1.3.4 Excel-Diagramm „Welche Nachhilfeeinrichtungen in Braunau kennen Sie?"

Laut Angaben der Eltern haben die wenigsten ihre Kinder bereits zur Nachhilfe geschickt.

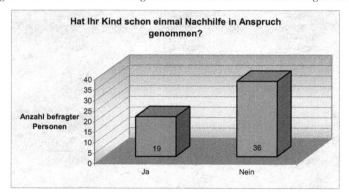

Abb. 5.1.3.5 Excel-Diagramm „Hat Ihr Kind schon einmal Nachhilfe in Anspruch genommen?"

Etablierung eines Nachhilfeinstituts
Projektbericht für das Modul „12.1 Praxisprojekt"

Tamara Rachbauer, MI 100501

MD.H
MEDIADESIGN • HOCHSCHULE
FÜR
DESIGN
UND
INFORMATIK
UNIVERSITY OF
APPLIED
SCIENCES

Zeitungsinserate und Mundpropaganda haben den größten Werbeeffekt.

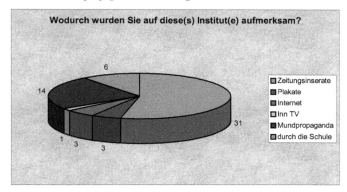

Abb. 5.1.3.6 Excel-Diagramm „Wodurch wurden Sie auf diese(s) Institut aufmerksam?"

Auch die Eltern assoziieren die Bezeichnung Studienkreis kaum mit Nachhilfe.

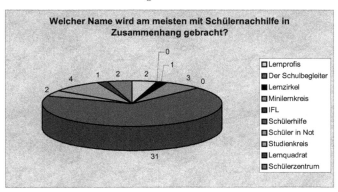

Abb. 5.1.3.7 Excel-Diagramm „Welcher Name wird am meisten mit Schülernachhilfe in Zusammenhang gebracht?"

Als Problemunterrichtsfächer kann man Mathematik, Englisch und Deutsch sehen.

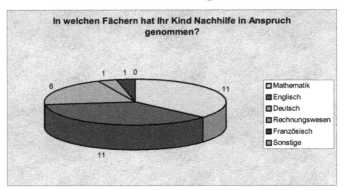

Abb. 5.1.3.8 Excel-Diagramm „In welchen Fächern hat Ihr Kind Nachhilfe in Anspruch genommen?"

Die Befragung in Altheim zeigt, dass auch dort Interesse an einer Nachhilfeeinrichtung bestünde.

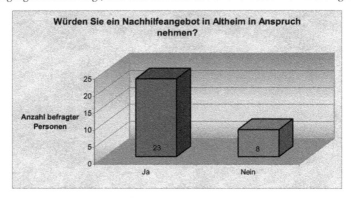

Abb. 5.1.3.9 Excel-Diagramm „Würden Sie ein Nachhilfeangebot in Altheim in Anspruch nehmen?"

Die Bereitschaft der Eltern über € 15 pro Einheit (45 Minuten) auszugeben ist sehr gering.

Abb. 5.1.3.10 Excel-Diagramm „Wie viel Geld würden Sie pro Einheit für Nachhilfe ausgeben?"

Die Befragung der Eltern macht deutlich, dass kaum ein Kind auf Teilleistungsschwächen untersucht wurde. Dies könnte auch auf eine zu geringe Aufklärung in diesem Bereich hindeuten.

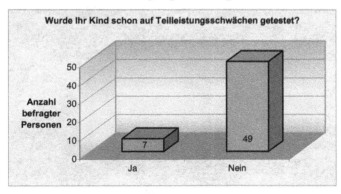

Abb. 5.1.3.11 Excel-Diagramm „Wurde Ihr Kind schon auf Teilleistungsschwächen getestet?"

Man sieht deutlich, dass sich die meisten Eltern für Kurse über Lerntechniken interessieren würden.

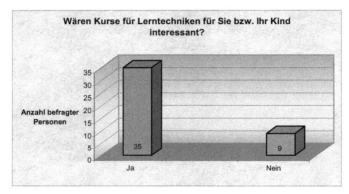

Abb. 5.1.3.12 Excel-Diagramm „Wären Kurse für Lerntechniken für Sie bzw. Ihr Kind interessant?"

Auswertung der Fragebögen für Schüler/innen

Die befragten Schüler bilden einen Querschnitt durch die verschiedensten Schultypen.

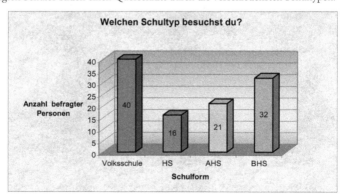

Abb. 5.1.3.13 Excel-Diagramm „Welchen Schultyp besuchst du?"

Auch den Schülern ist der Studienkreis kaum bekannt.

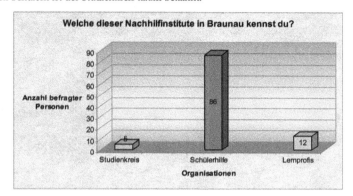

Abb. 5.1.3.14 Excel-Diagramm „Welche dieser Nachhilfeinstitute in Braunau kennst du?"

In etwa die Hälfte der befragten Schüler hat bereits Nachhilfe in Anspruch genommen.

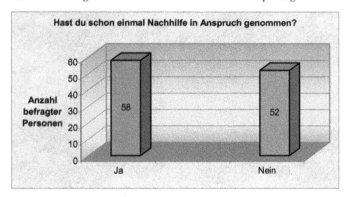

Abb. 5.1.3.15 Excel-Diagramm „Hast du schon einmal Nachhilfe in Anspruch genommen?"

Etablierung eines Nachhilfeinstituts
Projektbericht für das Modul „12.1 Praxisprojekt"

Tamara Rachbauer, MI 100501

MD.H
MEDIADESIGN=HOCHSCHULE
FÜR
DESIGN
UND
INFORMATIK
UNIVERSITY OF
APPLIED
SCIENCES

Nur eine geringe Mehrheit der Nachhilfenehmenden war dadurch auch erfolgreicher.

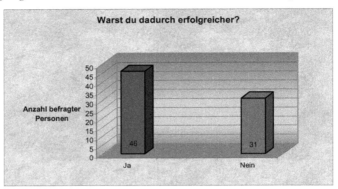

Abb. 5.1.3.16 Excel-Diagramm „Warst du dadurch erfolgreicher?"

Wie schon bei der Elternbefragung deutlich wurde, sind Mathematik, Englisch und Deutsch die häufigsten Problemfächer.

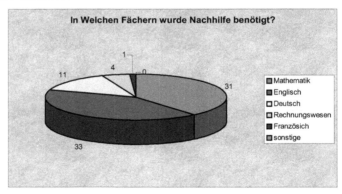

Abb. 5.1.3.17 Excel-Diagramm „In welchen Fächern wurde Nachhilfe benötigt?"

Das gewünschte Lernziel wurde jedoch von fast der Hälfte der Schüler/innen nicht erreicht.

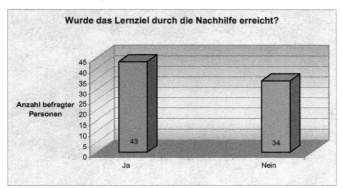

Abb. 5.1.3.18 Excel-Diagramm „Wurde das Lernziel durch die Nachhilfe erreicht?"

Die Mehrheit hat ihr Lernverhalten nach in Anspruch genommener Nachhilfe nicht geändert.

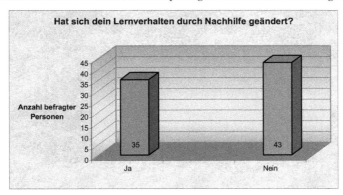

Abb. 5.1.3.19 Excel-Diagramm „Hat sich dein Lernverhalten durch die Nachhilfe geändert?"

Nicht ganz die Hälfte der Befragten zeigt Interesse an Lerntechnikkursen.

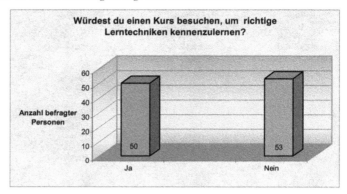

Abb. 5.1.3.20 Excel-Diagramm „Würdest du einen Kurs besuchen, um richtige Lerntechniken kennen zu lernen?"

Die Bereitschaft auch in den Ferien Kurse zu besuchen ist sehr gering.

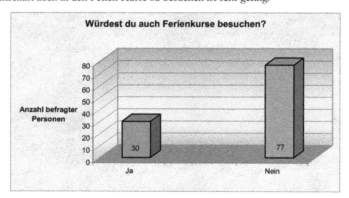

Abb. 5.1.3.21 Excel-Diagramm „Würdest du auch Ferienkurse besuchen?"

Die Schüler bevorzugen den Unterricht in der Gruppe.

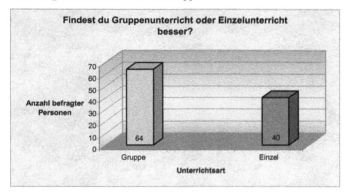

Abb. 5.1.3.22 Excel-Diagramm „Findest du Gruppenunterricht oder Einzelunterricht besser?"

Auswertung der Fragebögen für Lehrer/innen

Die meisten der befragten Lehrer/innen halten professionelle Nachhilfe sehr wohl für erforderlich.

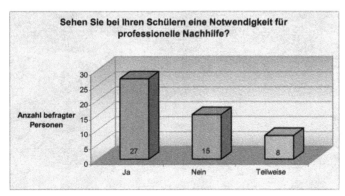

Abb. 5.1.3.23 Excel-Diagramm „Sehen Sie bei Ihren Schülern eine Notwendigkeit für professionelle Nachhilfe?"

Fast alle befragten Lehrer/innen würden ihren leistungsschwächeren Schülern Nachhilfe empfehlen.

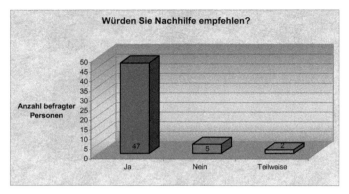

Abb. 5.1.3.24 Excel-Diagramm „Würden Sie Nachhilfe empfehlen?"

Die Bezeichnung Studienkreis wird nicht ausreichend stark mit Nachhilfe in Verbindung gebracht.

Abb. 5.1.3.25 Excel-Diagramm „Welcher Name wird am meisten mit Schülernachhilfe in Verbindung gebracht?"

Etablierung eines Nachhilfeinstituts
Projektbericht für das Modul „12.1 Praxisprojekt"

MD.H
MEDIADESIGN · HOCHSCHULE
FÜR
DESIGN
UND
INFORMATIK
UNIVERSITY OF
APPLIED
SCIENCES

Tamara Rachbauer, MI 100501

Nicht ganz die Hälfte aller befragten Lehrer/innen gibt selbst Nachhilfe.

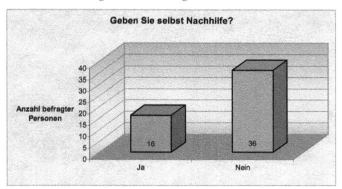

Abb. 5.1.3.26 Excel-Diagramm „Geben Sie selbst Nachhilfe?"

Das Interesse der Lehrer, Nachhilfe zu geben, ist sehr gering.

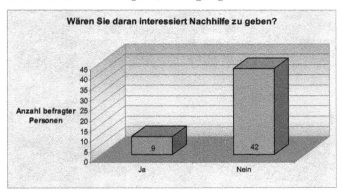

Abb. 5.1.3.27 Excel-Diagramm „Wären Sie daran interessiert Nachhilfe zu geben?"

Nach Meinung der Lehrer/innen würden ein bis zwei Einheiten pro Woche ausreichen.

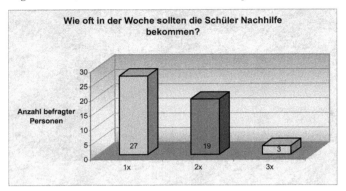

Abb. 5.1.3.28 Excel-Diagramm „Wie oft in der Woche sollten die Schüler Nachhilfe bekommen?"

Der Kontakt zum Nachhilfelehrer bzw. Nachhilfelehrerin ist großteils nicht erwünscht.

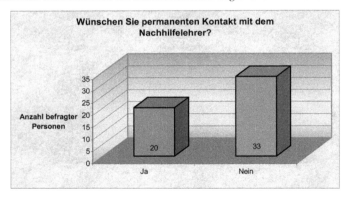

Abb. 5.1.3.29 Excel-Diagramm „Wünschen Sie permanenten Kontakt mit dem Nachhilfelehrer?"

Etablierung eines Nachhilfeinstituts
Projektbericht für das Modul „12.1 Praxisprojekt"

Tamara Rachbauer, MI 100501

MD·H
MEDIADESIGN · HOCHSCHULE
FÜR
DESIGN
UND
INFORMATIK
UNIVERSITY OF
APPLIED
SCIENCES

Lehrer/innen würden von Nachhilfe in größeren Gruppen abraten.

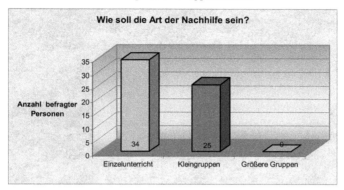

Abb. 5.1.3.30 Excel-Diagramm „Wie soll die Art der Nachhilfe sein?"

Die meisten Lehrer/innen halten Zweiergruppen für die sinnvollste Form der Nachhilfe.

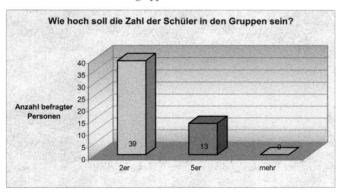

Abb. 5.1.3.31 Excel-Diagramm „Wie hoch soll die Zahl der Schüler in den Gruppen sein?"

Weitere Teilergebnisse, die mit Hilfe der Auswertungen entstanden, sind die im Abschnitt 2 festgelegte Projektausgangssituation, die Projektanforderungen und die Projektziele.

5.1.4   Weiteres Vorgehen

Aufgrund der ernüchternden Ergebnisse der Umfrage kam der Auftraggeber zum Entschluss eine komplett neue Corporate Identity aufzubauen. Die dazu notwendigen Aufgaben sind Teil der nächsten Projektphasen.

5.2 Projektphase 2

5.2.1 Tätigkeitsbeschreibung

Der erste Schritt beim Aufbau einer neuen Corporate Identity war die Findung eines neuen Firmennamens. Dazu wurde nicht nur in Zusammenarbeit mit der Projektgruppe der Abend HAK ein Brainstorming durchgeführt, sondern auch die Meinung von Bekannten, Freunden und Eltern der bestehenden Kunden eingeholt. Bei der dritten Meilenstein Review am 31. Oktober 2007 wurden die Ergebnisse dem Auftraggeber präsentiert. Aufgrund der plausiblen Argumentation fiel die Entscheidung des Auftraggebers zugunsten des Namens „Gute Noten Werkstatt" aus.

Die nächsten beiden Aufgaben, das Entwickeln eines Corporate Designs und das Verfassen aller notwendigen Texte, sollten parallel bis zum 20. November gelöst werden.

In Zusammenarbeit mit dem Auftraggeber und dessen Ehefrau, einer Deutschlehrerin, die auch für die Texte mitverantwortlich sein würde, wurden die Punkte überlegt, die auf der Webseite präsentiert werden sollten. Des Weiteren wurden Überlegungen angestellt, für welche Themengebiete Folder produziert werden sollten, und welche Informationen auf den Plakaten und Flyern stehen sollten. Nachdem die Punkte und Themengebiete festgelegt waren, wurden gemeinsam mit der Ehefrau des Arbeitgebers Texte für die Themengebiete Lernbetreuung und Legasthenie und für die Website-Punkte

- Unsere Philosophie,

- Kursangebot,

- Unterrichtsformen,

- Legasthenie und

- Werkstatt erstellt.

Parallel dazu wurde die Grafik-Designerin, der freiberuflich im Unternehmen mitarbeitet, beauftragt, Entwürfe für ein Corporate Design zu erstellen. In regelmäßigen Sitzungen mit der Designerin wurden die Entwürfe diskutiert und eigene Ideen vor allem für das Logo mit eingebracht. Nach der Entscheidung für ein bestimmtes Design, begann die Grafik-Designerin mit der graphischen Umsetzung von Logo, Plakaten, Flyern, Briefpapier und Firmenschilder.

In dieser Zeit wurden auch Überlegungen zum Aufbau des Online-Auftritts angestellt. Dazu wurden Webauftritte von anderen Nachhilfeinstituten aufgesucht, analysiert und mit dem Auftraggeber besprochen.

Dessen Vorstellung war es die Webseite in drei Teile aufzuspalten.

- Unten eine Hauptnavigation,

- oben eine Nebennavigation und

- in der Mitte die Informationen, aufgelockert durch ein Foto bzw. ein passendes Bild.

Aufbauend auf diesen Wünschen konnten Überlegungen zur Größe angestellt werden und der Graphik-Designerin Anweisungen zum Erstellen der ersten Design-Elemente für die Webseite gegeben werden.

Am 26. November wurden die Ergebnisse bei der vierten Meilenstein Review präsentiert.

5.2.2 Probleme und Lösungen

Die Schwierigkeit bei der Namensfindung bestand darin, einen Namen zu finden, der keine Ähnlichkeit zu bestehenden Unternehmen aufweisen durfte und trotzdem die Ziele eines Nachhilfeinstituts einfach und klar ausdrücken musste. Da der Begriff „Nachhilfe" einen negativen Touch mit sich bringt, wollte der Auftraggeber dieses Wort im Firmennamen vermeiden. Dennoch sollte der Name von der Allgemeinheit sofort mit Lernbetreuung bzw. Lernhilfe in Verbindung gebracht werden. Auch sollte der Begriff „Schüler" vermieden werden, da das Institut auch für Studenten, Jugendliche und Erwachsene in Aus- und Weiterbildung eine Lernbetreuung anbietet, und diese sich nicht allzu gerne als Schüler/innen sehen. Die Tatsache, dass viele geeignete Namen für Nachhilfeinstitute bereits existieren und auch nicht in abgewandelter Form verwendet werden dürfen, erschwerte das Vorhaben.

Unter Berücksichtigung dieser Tatsachen entstanden folgende Vorschläge:

- Lernkreis Braunau,

- Lernhilfe Akademie bzw. Lernhilfe Zentrum,

- Lernbetreuung Coachs,

- Gute Noten Zentrum bzw. Gute Noten Werkstatt.

Nach zahlreichen Diskussionen und Argumentationen war der Favorit „Gute Noten Werkstatt", da sich dieser Name aus wichtigen Komponenten zusammensetzt.

- Gute Noten – das eigentliche Ziel der meisten Eltern, Schüler/innen, Studierenden und auch Jugendlichen und Erwachsenen in Aus- und Weiterbildung

- Werkstatt – in einer Werkstatt erhält man fachmännische Hilfe.

Diese Argumentation war dann auch der Entscheidungsgrund des Auftraggebers für diesen Namen.

5.2.3 Teilergebnisse

Zu den Teilergebnissen dieser 2 .Projektphase gehören

- der neue Firmenname „Gute Noten Werkstatt",

- alle notwendigen Texte, sowohl für die Webseite als auch für die Druckartikel und

- die zum Corporate Design gehörenden fertigen graphischen Designelemente.

Etablierung eines Nachhilfeinstituts
Projektbericht für das Modul „12.1 Praxisprojekt"

Tamara Rachbauer, MI 100501

MD.H
MEDIADESIGN · HOCHSCHULE
FÜR
DESIGN
UND
INFORMATIK
UNIVERSITY OF
APPLIED
SCIENCES

Abb. 5.2.3.1 Design-Element „Logo Gute Noten Werkstatt", Grafik-Designerin Irene Appl

Abb. 5.2.3.2. Design-Element „Fußzeile für Briefpapier", Grafik-Designerin Irene Appl

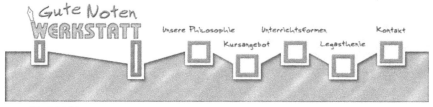

Abb. 5.2.3.3 Design-Element „Navigation unten für den Online-Auftritt", Grafik-Designerin Irene Appl

5.3 Projektphase 3

5.3.1 Tätigkeitsbeschreibung

In der dritten Projektphase war die Haupttätigkeit die Umsetzung der Online-Auftritte. Es wird hierbei bewusst von Online-Auftritten gesprochen, da es der ausdrückliche Wunsch des Auftraggebers war, eine zusätzliche Flash-Version zu erstellen. Diese will der Auftraggeber auch für Präsentationen und Vorstellungen bei Schulen verwenden. Die Flash-Version sollte den gleichen Aufbau wie die HTML-Version aufweisen, dafür aber einige dezente und passende Animationen enthalten.

Durch die Vorgabe des Webseiten-Aufbaus wurde der Online-Auftritt folgendermaßen aufgebaut:

- Aus einem Hauptcontainer, um die Seiten mittig zu positionieren und darin befindlich

  - gibt es weitere vier Container

    - Einen Container für die Navigation – oben,

Etablierung eines Nachhilfeinstituts
Projektbericht für das Modul „12.1 Praxisprojekt"

Tamara Rachbauer, MI 100501

MD.H

MEDIADESIGN · HOCHSCHULE
FÜR
DESIGN
UND
INFORMATIK
UNIVERSITY OF
APPLIED
SCIENCES

- einen Container für die Navigation – unten,

- einen Container für den Text – Mitte rechts und

- einen Container für die Graphik bzw. das Foto – Mitte links

Des Weiteren wurden zwei Stylesheets erstellt:

- Eines für den Online-Auftritt und

- eines für den Ausdruck.

Nachdem diese Grundstruktur aufgebaut war, wurden die Texte eingefügt, Schriftarten und Farben festgelegt. Parallel dazu arbeitete die Graphik-Designerin an den Bildern. Für den Punkt „Werkstatt" mussten Fotos von den Unterrichtsräumen gemacht werden, die ebenfalls von der Graphik-Designerin bearbeitet wurden.

Termingerecht erfolgte die Abnahme bei der fünften Meilenstein Review am 3. Dezember 2007, wobei die HTML-Version dann noch auf den bereits vorhandenen Webspace geladen wurde.

Im nächsten Schritt erfolgte die Umsetzung in Flash. Dazu wurde die HTML-Version als Vorlage verwendet und in Flash nachgebaut. Im Unterschied zur HTML-Version sollten in der Flash-Version Rollover-Effekte bei der Navigation eingesetzt werden und einige dezente und passende Animationen eingebaut werden. Nach einigen Überlegungen, wie man die Webseite passend auflockern könnte, wurden mit Hilfe der Graphik-Designerin folgende Rollover-Effekte bzw. Animationen umgesetzt:

- Zu Beginn sollte eine kleine Animation, ähnlich einem Preloader, abgespielt werden.

  – Die Idee war es, die Schulnoten von 1 bis 2 aus 2 Grammophonen fliegen zu lassen. Die dazu notwendigen Design-Elemente wurden von der Graphik-Designerin erstellt, und die Animation in Flash umgesetzt.

- Zwei farblich verschiedene Rollover-Effekte bei der Navigation unten und oben

  – Bei der Navigation oben verändert sich die Farbe von grau zu blau, bei der Navigation unten von grau zu rot, was einem klassischen Rollover-Effekt entspricht.

- Die Fotos bzw. Bilder, die sich jeweils in der Mitte, links vom Text befinden, sollten mit Hilfe einer kleinen Animation sichtbar gemacht werden.

  – Dazu werden diese Anfangs von einer weißen Fläche überdeckt, die sich dann von außen nach innen verkleinert und unsichtbar wird.

Nach der Fertigstellung des Flash-Filmes wurde dieser in eine HTML-Seite eingebunden. Da jetzt aber zwei Versionen der Webseite vorhanden waren, musste eine vorgeschaltete Seite erstellt werden, die eine Auswahl zwischen den Versionen ermöglichen sollte. Die Graphik-Designerin erstellte noch eine zusätzliche Graphik, um die Auswahlseite aufzulockern.

Pünktlich zum Meilenstein Review am 21. Dezember 2007 wurde die Lösung dem Auftraggeber präsentiert und auf den bereits vorhandenen Webspace geladen.

Weitere Tätigkeit in dieser Projektphase war das Finden einer Druckerei, um das Briefpapier, die Visitenkarten, die Plakate, Flyer und Firmenschilder drucken zu lassen. Diese Druckerei sollte kostengünstig sein und termingerecht die fertigen Produkte liefern können, sodass der Abnahmetermin am 20. Dezember 2007 eingehalten werden könnte.

5.3.2 Probleme und Lösungen

Problematisch bei der Flash-Version war es erstens, sicher zu stellen, dass

- Java Script aktiviert ist, da die Plugin-Abfrage auf Java Script basiert und ansonsten auch kein Flash angezeigt wird und zweitens, dass

- die richtige Flash-Version auf dem Rechner der User vorhanden ist.

Zur Lösung des ersten Problems wurde eine Java Script Abfrage integriert. Dazu wird folgende Abfrage, die direkt im body auf der vorgeschalteten Seite enthalten ist, durchgeführt.

<script language=""> document.location=*'test/plugin.htm'*; </script>

Wenn Java Script aktiviert ist, wird die nächste Seite zur Plugin-Abfrage aufgerufen, ansonsten wird die vorgeschaltete Seite mit den Anweisungen zum Aktivieren von Java Script angezeigt.

Zur Lösung des zweiten Problems wurde eine Plugin-Abfrage integriert, die auf Java Script basiert. Wenn das Plugin neu genug ist, wird der Flash-Film abgespielt, ansonsten wird auf eine Alternativseite weitergeleitet und dort die Anweisungen zur Installation eines geeigneten Flash-Plugins gegeben.

Probleme bei den verschiedenen Druckereien waren unter anderem, dass

- diese zu teuer waren,

- nur ab einer bestimmten Stückzahl den Auftrag annehmen wollten,

- zu weit weg waren oder

- nicht termingerecht liefern würden.

Die Lösung des Problems ergab sich nach einer Besprechung mit der Graphik-Designerin. Da diese mit dem Chef der Druckerei Hirschlinger in Braunau befreundet ist, war die Aufgabe des Findens einer geeigneten Druckerei schnell gelöst. Aufgrund der Freundschaft wurde der Druck kostengünstig und schnell erledigt. Der Abnahmetermin am 20. Dezember konnte somit ohne Probleme eingehalten werden.

5.3.3 Teilergebnisse

Zu den Teilergebnissen dieser 3 .Projektphase gehören:

- Die HTML-Version des Online-Auftritts,

- die Flash-Version des Online-Auftritts und

- die gedruckten Visitenkarten, Briefpapiere, Plakate, Flyer und Firmenschilder

Abb. 5.3.3.1 Screenshot „Vorgeschaltete Seite für Auswahl zwischen Flash- und HTM-Version"

Abb. 5.3.3.2 Screenshot HTML-Version des Online-Auftritts „Unsere Philosophie"

Abb. 5.3.3.3 Screenshot Flash-Version des Online-Auftritts „Unsere Philosophie"

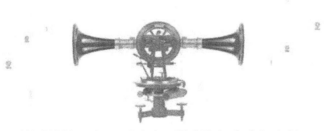

Abb. 5.3.3.4 Screenshot vom Preloader auf Flash-Version des Online-Auftritts

Abb. 5.3.3.5 Firmenschild „Gute Noten Werkstatt Braunau Lernbetreuung"

BERATUNGSSTELLE
FÜR LEGASTHENIE, DYSKALKULIE
UND TEILLEISTUNGSSCHWÄCHEN

Termine nach Vereinbarung

Legasthenie Hotline 07722 / 67722

Roland Eichlberger   Diplomierter Legasthenietrainer

Web **www.nachhilfe-braunau.at**

Abb. 5.3.3.6 Firmenschild „Gute Noten Werkstatt Braunau Legasthenie"

Abb. **5.3.3.7** A3 Plakat-Werbung für den A3 Ständer vor dem Gebäude des Nachhilfeinstituts – Lernbetreuung

Abb. 5.3.3.8 A3 Plakat-Werbung für den A3 Ständer vor dem Gebäude des Nachhilfeinstituts – Legasthenie

5.4 Projektphase 4

5.4.1 Tätigkeitsbeschreibung

Die Haupttätigkeiten der vierten Projektphase waren

- die Auswahl eines E-Learning Systems und die Auswahl eines Webkonferenzsystems

- das Testen der ausgewählten Systeme und dazu die gleichzeitige Erstellung einer Dokumentation, die als Handbuch genutzt werden kann mit Angaben

  - zur Installation,

  - den Programmfeatures,

  - einer Beschreibung aus der Sicht der Administration und

  - einer Beschreibung aus der Sicht der verschiedenen Benutzerkreise

- und die anschließende Implementierung auf der Webseite.

5.4.2 Probleme und Lösungen

Die größten Probleme, die in dieser Projektphase auftraten, waren

- das Auswählen von geeigneten E-Learning Systemen und

- das Entscheiden für ein bestimmtes E-Learning System.

Um geeignete E-Learning Systeme auswählen zu können, wurden Internetquellen herangezogen, die eine Evaluierung anhand von verschiedenen Qualitätskriterien wie

- Installationsaufwand,

- Handhabung und Administration,

- Preis & Lizenz,

- Kommunikation und Kollaboration,

- Content-Generierung wie online, offline oder Speicherung und Verwaltung von beliebigen Inhalten,

- Usability wie Lernaufwand und Dokumentation,

- Didaktik wie kooperative Content-Generierung oder Berücksichtigung von E-Learning Standards,

- Vorhanden sein von deutschsprachigen Foren, etc. bereits durchgeführt haben.

Weiters mussten die vom Auftraggeber angegebenen Anforderungen an das E-Learning System berücksichtigt werden:

- Es muss ein kostenloses Open Source System sein,

- als Kommunikationsmöglichkeiten mindestens Forum und Chat anbieten,

- die Möglichkeit, Überprüfungen in Form von Lückentexten oder Multiple Choice Fragen generieren zu können,

- es soll einfach zu administrieren und von den Lehrkräften ohne lange Einschulungszeit einfach zu bedienen sein,

- es muss für Lernende leicht zu bedienen und übersichtlich sein, damit diese sich sofort zurechtfinden.

- Das E-Learning System darf keine besonderen Hardwareanforderungen an Client und Server stellen. Es muss auf einem Shared Hosting Webspace mit PHP-Unterstützung und MySQL-Datenbank lauffähig sein.

Unter Berücksichtigung dieser Forderungen wurden zahlreiche Recherchen, Vergleiche und Tests im Internet durchgeführt.

Auf [virtual-learning 2005], einer Initiative von bildung.at, wurde eine umfassende Evaluierung der am Markt befindlichen E-Learning Systeme im Bildungsbereich durchgeführt. Die Ergebnisse sind in einer Vergleichsmatrix auf der Website [bildung.at 2006] als pdf Download mit dem Titel „bm:bwk-Empfehlung Lernplattformen" zur Verfügung bereit gestellt.

Eine weitere Evaluierung mit dem Titel „Evaluation of Open Source Course Platforms" war auf der Webseite [edutech 2005] zu finden. Dort wurden unter anderem so genannte „Killer criteria" festgelegt wie z.B. eine fehlende Unterstützung für Mehrsprachigkeit oder eine fehlende Dokumentation, die für eine Aussortierung sorgten. Die nach der Vorsortierung noch übrigen Systeme wurden genauestens untersucht, und die Ergebnisse online gestellt.

Eine ebenfalls sehr interessante Website [lmsnews 2007], die einen unabhängigen Überblick, aus didaktischer und technischer Sicht, über die aktuellen Open-Source Systeme mit deutscher Version gibt, wurde ebenfalls zur Entscheidungshilfe herangezogen.

Weiters wurde die Möglichkeit genutzt, die verschiedenen Systeme über die Webseiten der entsprechenden Anbieter als Demo und über die Webseite [Opensource 2007] testen zu können.

Für den Vergleich der E-Learning Systeme anhand der vom Auftraggeber vorgegebenen Anforderungen wurden nur diejenigen Systeme ausgewählt und getestet, die es bei allen Evaluierungen jeweils bis zur Endphase geschafft hatten.

Dazu gehörten die folgenden

- ATutor [ATutor 2005], [ATutor 2007],

- Claroline [Claroline 2005], [Claroline 2007],

- dotLRN [dotLRN 2007],

- Ilias [Ilias 2005], [Ilias 2007]

- Moodle [Moodle 2005], [Moodle 2007], [Moodle 2007a], [Moodle 2007b], [Moodle 2007c] und

- StudIP [StudIP 2005], [StudIP 2007]

Die Entscheidung fiel dann aber letztendlich auf das E-Learning System Moodle, weil es alle vom Auftraggeber gestellten Anforderungen erfüllt.

- Es ist ein Open Source System unter der GNU General Public License,

- Es bietet die gewünschten Kommunikationsmöglichkeiten Forum und Chat an, darüber hinaus aber auch noch einige mehr,

- die Möglichkeit Überprüfungen in Form von Lückentexten oder Multiple Choice Fragen generieren zu können,

- Die Administration ist übersichtlich und leicht verständlich: Mit dem Druck auf den „Edit Button" lässt sich jederzeit die aktuelle Seite editieren oder umbauen,

- Moodle hat keine besonderen Hardwareanforderungen an Client und Server. Für eine ordnungsgemäße Installation sind eine PHP-Unterstützung und eine MySQL-Datenbank erforderlich und dank Installationsroutine ist die Installation äußerst simpel.

Diese Anforderungen würden aber auch andere E-Learning Systeme erfüllen. Die wirklich ausschlaggebenden Gründe, warum Moodle gewählt wurde, sind

- die lobenswerten Dokumentationen, die sehr umfangreich sind. Dabei gibt es rollenbasierte Dokumentationen für die Administration und Kursleiter/in.

- In der Plattform wird für nahezu jede Einstellung im System eine Hilfestellung angeboten.

- Ein kostenloses, deutschsprachiges Forum, welches Support bietet. Und eine große Community mit über 100.000 registrierten Nutzern sowie ein Netzwerk weltweiter Partner für Hosting, Installationshilfe, Support oder Entwicklungsunterstützung unter der Webseite [Moodle 2007c]

- Durch die weltweite und besonders starke Verbreitung des Lernmanagementsystems kann man sicher sein, dass dieses noch lange weiterentwickelt, verbessert und immer wieder um neue Funktionen erweitert wird.

- Da Moodle streng modular aufgebaut ist, kann es um Module und Plugins zur individuellen Anpassung erweitert werden. Es gibt zahlreiche Webseiten, die neue Module und Plugins anbieten.

- Es gibt die Möglichkeit, Kursräume für einen bestimmten Zeitraum zu mieten, um überprüfen zu können wie das Angebot angenommen wird, bevor man einen entsprechenden Hosting-Anbieter sucht.

Ähnlich Probleme ergaben sich anfangs auch bei der Auswahl eines geeigneten Webkonferenzsystems aufgrund der Anforderungen des Auftraggebers.

- Zumindest in der Testphase muss das Webkonferenzsystem kostenlos verwendbar sein.

- Es soll, ähnlich wie bei Moodle, möglich sein, einen fertig konfigurierten Server zu mieten, um überprüfen zu können, ob der Service auch angenommen wird.

- Es muss einfach zu administrieren und von den Lehrkräften ohne lange Einschulungszeit einfach zu bedienen sein,

- Es muss für Lernende leicht zu bedienen und übersichtlich sein, damit diese sich sofort zurechtfinden.

- Es muss webbasiert und plattformunabhängig sein.

- Es muss eine deutsche Version geben.

Also wurde auch hier das Internet zu Rate gezogen und in der Suchmaschine Google nach Webkonferenztools gesucht. Die größten Probleme waren aber dadurch gegeben, dass es zwar viele solcher Tools gibt, diese aber nicht kostenlos sind, oder wenn sie kostenlos sind, dann nicht in deutscher Sprache vorliegen oder Teile der anderen Anforderungen nicht erfüllen.

Letztendlich wurde das Webkonferenzsystem Spreed entdeckt, das als „spreed free" Service für drei Teilnehmer kostenlos auf einem vorkonfigurierten Server genutzt werden kann. Die Teilnehmerbeschränkung war kein Problem, da das Webkonferenzsystem nur als Zusatzservice zur individuellen Prüfungsvorbereitung im Einzelunterricht oder, wenn dies gewünscht wird, mit maximal zwei Teilnehmenden der gleichen Klasse dienen soll.

Um die Dokumentation von Moodle erstellen zu können, wurde dieses probeweise lokal installiert,

- um die Sicht des Administrators darstellen und schriftlich festhalten zu können und

- um einen guten Überblick über die Programmfeatures zu bekommen.

Für die Sichtweisen der verschiedenen Benutzerkreise wurden Testpersonen hinzugezogen.

- In Zusammenarbeit mit zwei Lehrkräften wurde das Anlegen von Kursen getestet. Dazu wurde der Vorgang zuerst vom Projektleiter durchgeführt und mit Screenshots von diesem dokumentiert. Die beiden Lehrkräfte versuchten dann mit einer kurzen Einschulung und der Hilfe der Dokumentation, selbst Kurse anzulegen. So konnte genau analysiert werden, welche Punkte noch in die Dokumentation mit aufgenommen werden mussten.

- Dieselbe Vorgehensweise wurde auch bei den Benutzern des Systems, also den Lernenden, durchgeführt. Dazu wurden bestehende Kunden verschiedener Altersgruppen, die sich bereit erklärt hatten an dem Test teilzunehmen, kurz eingeschult und dann beobachtet, wie sie sich im System zurechtfinden. Damit konnte festgestellt werden, welche Punkte in die Dokumentation aufgenommen werden mussten.

Etablierung eines Nachhilfeinstituts
Projektbericht für das Modul „12.1 Praxisprojekt"

Tamara Rachbauer, MI 100501

MD.H
MEDIADESIGN · HOCHSCHULE
FÜR
DESIGN
UND
INFORMATIK
UNIVERSITY OF
APPLIED
SCIENCES

Gleiches wurde auch bei der Dokumentation von spreed durchgeführt. Einziger Unterschied ist hier das Ersparen der Installation, da das System über einen vorkonfigurierten Server genutzt werden kann.

Begonnen wurde hierbei mit der Dokumentation der Registrierung, die die Lehrkräfte, die eine Konferenz erstellen wollen, zu Beginn durchführen müssen.

Als nächstes wurde vom Projektleiter probeweise eine Webkonferenz eingerichtet, und die genaue Vorgehensweise wieder mit Screenshots dokumentiert. Anschließend legten auch zwei Lehrkräfte anhand der Dokumentation je eine Webkonferenz an. So konnte die Dokumentation durch Beobachten noch gezielter angepasst werden.

Danach wurde mit zwei freiwilligen Teilnehmenden eine Testkonferenz durchgeführt, und die Dokumentation um zusätzliche Inhalte wie

- das Starten einer Konferenz,

- das Beitreten zu einer Konferenz,

- das Screensharing,

- das Hinaufladen von Dokumenten,

- das Beenden einer Konferenz und

- das Herunterladen von Aufzeichnungen zur Konferenz erweitert.

5.4.3 Teilergebnisse

Zu den Teilergebnissen dieser 4 .Projektphase gehören:

- die Dokumentation von Moodle zur Nutzung als Handbuch für die Mitarbeiter/innen,

- die Dokumentation von Spreed zur Nutzung als Handbuch für die Mitarbeiter/innen und

- die Erreichbarkeit der Systeme über die Webseite

Die entsprechenden Dokumentationen

- 94-seitige Dokumentation der E-Learning Plattform „Moodle" und

- 36-seitige Dokumentation des Webkonferenzsystems „Spreed"

werden separat als Worddokumente bzw. PDF-Dokumente eingereicht.

6 Gesamtergebnis

6.1 Überblick über die erreichten Projektziele

Erreichte Projektziele	Zusätzlich dazu erreicht
Mindestens 5 verschiedene Namensvorschläge	
Neue Corporate Identity (CI)	
Alle notwendigen Texte	
Neue Webauftritte (HTML- und Flash-Version)	
Auswahl, Test und Dokumentation eines LCMS Learning Content Management System	Das LCMS kann durch das Mieten von Kursräumen getestet werden, um überprüfen zu können, ob und wie gut der Service von den Kunden angenommen wird.
Auswahl, Test und Dokumentation eines Webkonferenzsystems	Auswahl eines Webkonferenzsystems, das für 2 Teilnehmende kostenlos genutzt werden kann. Somit besteht die Möglichkeit zu testen, ob und wie gut sich der Service rentiert.

Tabelle 6.1.1 Überblick über die erreichten Projektziele und was zusätzlich erreicht wurde

6.2 Überblick über die nicht erreichten Projektziele

Nicht erreichte Projektziele	Gründe für nicht Erreichen
Implementierung des LCMS auf eigenem Webserver	Wunsch des Auftraggebers, um überprüfen zu können, ob sich der Service rentiert.
Implementierung des Webkonferenzsystems auf eigenem Webserver	Wunsch des Auftraggebers, um überprüfen zu können, ob sich der Service rentiert.

Tabelle 6.2.1 Überblick über die nicht erreichten Projektziele mit Begründung

7 Resümee und Ausblick

Um die Hauptaufgabe dieses Projektes, die Etablierung des Nachhilfeinstituts „Studienkreis", optimal erfüllen zu können, musste die aktuelle Marktsituation des Unternehmens ermittelt werden. Besonders interessant hierbei war die Zusammenarbeit mit dem Projektteam der Abend HAK Braunau, mit deren Hilfe speziell abgestimmte Fragebögen entwickelt und damit eine Umfrage durchgeführt wurde.

Bei der gemeinsamen Auswertung stellte sich schnell heraus, dass das vorrangige Ziel nicht eine Etablierung, sondern eine komplette Neustrukturierung des bestehenden Nachhilfeinstituts bedeuten sollte, und spezielle Service-Angebote gefunden werden müssten, um das Institut vom bestehenden Konkurrenzunternehmen positiv abzuheben.

Durch die Umfragenauswertung war es für den Auftraggeber ein Leichtes, die grundsätzlichen Projektziele wie

• Neuer Firmenname,

• neue Corporate Identity,

• neue Online-Auftritte festzulegen.

Als spezielles Service-Angebot wollte der Auftraggeber einen neuen Geschäftsbereich, das Durchführen von Legasthenietests und Legasthenietraining, aufnehmen, der auch auf der Webseite unter einem eigenen Punkt zu finden sein sollte.

Des Weiteren ließ sich der Auftraggeber von den Vorteilen des E-Learnings als zusätzliche Einnahmequelle und spezielles Angebot, um das Institut von der Konkurrenz abzuheben, überzeugen. Es wurde vereinbart, sowohl ein Webkonferenzsystem als auch ein E-Learning System auszuwählen, Handbücher zu verfassen und beide Systeme in einem Zeitraum von sechs Monaten zu testen, um herauszufinden wie dieser Service angenommen wird.

In der Zeit vom 29. Oktober 2007 bis zum 20. Dezember 2008 wurden in Zusammenarbeit mit einer Graphikdesignerin und einer Texterin die grundsätzlichen Projektziele, einschließlich des Punktes Legasthenie als spezielles Service-Angebot, ohne große Schwierigkeiten umgesetzt.

Eine echte Herausforderung war dann das Auswählen eines E-Learning Systems und eines Webkonferenzsystems aus den so zahlreichen am Markt Befindlichen, das darauf folgende Testen und das Erstellen der Handbücher. Nach zahlreichen Recherchen und Demotests wurden das Webkonferenzsystem Spreed und das E-Learning System Moodle ausgewählt.

Besonders interessant war es zu beobachten wie die Zielgruppen, ausgewählte Lehrkräfte und Lernende, mit Hilfe der Handbücher mit den beiden Systemen umgegangen sind. Immer wieder mussten bei den Handbüchern Ergänzungen gemacht werden, weil Beschreibungen zu ungenau gewesen waren, oder Screenshots für das bessere Nachvollziehen gefehlt hatten.

Nachdem die Handbücher am 15. Jänner endlich fertig gestellt waren, gingen die beiden Systeme in eine sechsmonatige Testphase. Dabei wird beim Webkonferenzsystem Spreed der kostenfreie Service spreed free genutzt, bei Moodle wurde die Möglichkeit genutzt, einen Kursraum zu mieten.

Jetzt bleibt abzuwarten, ob das E-Learning angenommen wird, und sich der Einsatz der beiden Systeme finanziell rentiert. Ist dies der Fall, muss beim Webkonferenzsystem überprüft werden, ob es notwendig ist, auf den kostenpflichtigen Service umzusteigen, oder ob der kostenfreie Service ausreichend ist. Beim E-Learning System Moodle müsste ein Hosting-Anbieter gesucht werden, der die Systemvoraussetzungen erfüllt und Moodle dann dort installiert und konfiguriert werden.

8 Literaturverzeichnis

[ATutor 2007] ATutor Learning Content Management System. „*Projekthomepage des Elearningsystems*"WWW-Präsentation, 2007. http://www.atutor.ca/

[ATutor 2005a] ATutor Testbericht. „*ATutor 1.5.1 Testbericht*"WWW-Präsentation, 2005. http://www.lmsnews.com/modules/content/index.php?id=5

[bildung.at 2006] bildung.at. Das eLearning Portal. „*Empfehlungen und Spezifikationen*"WWW-Präsentation, 2006. http://www.bildung.at/ext/bmbwk/downloads.php

[Claroline 2005] Claroline Testbericht. „*Claroline 1.7.0 Testbericht*"WWW-Präsentation, 2005. http://www.lmsnews.com/modules/content/index.php?id=10

[Claroline 2007] Claroline.NET. „*Projekthomepage des Elearningsystems* "WWW-Präsentation, 2007. http://www.claroline.net/

[dotLRN 2007] dotLRN.org. „*Projekthomepage des Elearningsystems* "WWW-Präsentation, 2007. http://www.dotlrn.org/

[Ilias 2005] Ilias Testbericht. „*Ilias 3.6.4 Testbericht*"WWW-Präsentation, 2005. http://www.lmsnews.com/modules/content/index.php?id=31

[Ilias 2007] Ilias.de. „*Projekthomepage des Elearningsystems* "WWW-Präsentation, 2007. http://www.ilias.de/

[LMSNews 2005] LMSNews.com. „*Überblick über alle aktuellen Open-Source Systeme mit deutscher Version*"WWW-Präsentation, 2007. http://www.lmsnews.com/modules/news/

[edumoodle 2007] edumoodle. „*Projekt des österreichischen Bildungsministeriums*"WWW-Präsentation, 2007. http://www.edumoodle.at/moodle/

[edutech 2005] edutech.ch. „*Evaluation of Open Source Learning Management Systems - 2005*" WWW-Präsentation, 2005. http://www.edutech.ch/lms/ev3/index.php

[e-teaching 2007] e-teaching.org. „*Spreed Steckbrief*" WWW-Präsentation, 2007. http://www.e-teaching.org/technik/produkte/spreedsteckbrief

[Moodle 2005] Moodle Testbericht. „*Moodle 1.5.3 Testbericht*"WWW-Präsentation, 2005. http://www.lmsnews.com/modules/content/index.php?id=25

[Moodle 2007] Moodle. „*Projekthomepage des Elearningsystems*"WWW-Präsentation, 2007. http://www.moodle.org

[Moodle 2007a] Moodle. „*DIALOGE präsentiert: moodle in Deutschland*"WWW-Präsentation, 2007. http://www.moodle.org

[Moodle 2007b] Moodle. „*Software Moodle auf CampusSource*"WWW-Präsentation, 2007. http://www.campussource.de/software/moodle/

[Moodle 2007c] Moodle. „*Moodle Service Network*"WWW-Präsentation, 2007. www.moodle.com

[Opensource 2007] Open Source CMS. „*Try Before You Install*"WWW-Präsentation, 2005. http://www.opensourcecms.com/

[Spreed 2007] Spreed.com. *„Meetings, Konferenzen, Trainings und Support"* WWW-Präsentation, 2007. http://spreed.com//?set_language=de

[Spreed 2007a] Spreed.com. *„präsentieren, beraten, zusammenarbeiten, schulen. Jederzeit, überall – auf Knopfdruck"* Broschüre, 2007. http://spreed.com/help/Info-Material/spreedcomBroschuere_En.pdf/de

[StudIP 2005] StudIP Testbericht. *„StudIP 1.2.0 Testbericht"* WWW-Präsentation, 2005. http://www.lmsnews.com/modules/content/index.php?id=11

[Stud.IP 2007] StudIP.de. *„Projekthomepage des Elearningsystems"* WWW-Präsentation, 2007. http://www.studip.de/

[virtual-learning 2007] virtual-learning. *„Evaluation von Lernplattformen für den Einsatz im österreichischen Bildungsbereich"* WWW-Präsentation, 2007. http://virtual-learning.qualifizierung.com/community/

[Wikipedia 2007] Wikipedia. *„Claroline "* WWW-Präsentation, September 2007. http://de.wikipedia.org/w/index.php?title=Claroline&oldid=37144652

9 Abbildungsverzeichnis

10 Tabellenverzeichnis